Este título incluido en **Nuestros Ilustres** —la serie de biografías de destacados personajes de los ámbitos de la ciencia, la cultura y la historia— pretende servir de soporte cultural y educativo, así como de apoyo extracurricular a diversas asignaturas, con el objetivo de promover el conocimiento, la investigación, la innovación, el talento y la divulgación.

Cada título aproxima a los niños a un personaje cuya trayectoria ha contribuido significativamente al desarrollo y a la calidad de vida de nuestra sociedad.

Las biografías de **Nuestros Ilustres** forman parte de un proyecto impulsado por la **Fundación Acuorum Iberoamericana Canaria de Agua** en colaboración con **Canaragua, Aguas de Telde** y **Teidagua**. Han sido coordinadas y dirigidas por la editorial **Vegueta**.

Guía de lectura

Q Citas del
protagonista

♀ Información
más detallada

Textos: Jesús M. Castaño
Ilustraciones: Maria Padilla
Diseño y maquetación: Anna Bosch

© **Fundación Acuorum Iberoamericana Canaria de Agua**
Gabinete Literario. Plaza de Cairasco, 1
35002 Las Palmas de Gran Canaria
www.acuorum.com

ISBN: 978-84-947237-4-2
Depósito Legal: GC 495-2019
Impreso y encuadernado en España

FSC
www.fsc.org
MIXTO
Papel procedente de
fuentes responsables
FSC® C106329

Martín Chirino

El niño que quería mover el horizonte

JESÚS M. CASTAÑO

MARIA PADILLA

Vegueta Infantil

La playa de Las Canteras
Esta playa urbana
de la ciudad de Las Palmas
tiene algo más de 3 kilómetros
de largo y está protegida
por una roca de arenisca
conocida como «La Barra».
La playa fue explotada
durante una época como cantera,
de ahí viene su nombre.

Horizonte
Línea donde parece que el cielo
se une con el mar o la tierra
cuando se observa desde lejos.

En el número 57 de la playa de Las Canteras,
vivía la familia Chirino.

Para el pequeño Martín,
la playa era su paraíso de recreo y diversión.
Un paisaje marcado por dunas,
casas terreras y la inmensidad del Atlántico.

Allí creció, tumbado en la arena dorada,
fantaseando con traspasar las fronteras de la isla.
Ya era por entonces el niño que quería mover el horizonte.

Le fascinaba tener en las manos cualquier materia
que pudiese servir para moldear, como la arena o el barro.

Ssss sss sss.

«¡Buenos días, viento!
¿Vienes a jugar con la arena y conmigo?»,
preguntaba Martín

Admirado, contemplaba las espirales
que el viento levantaba en la arena.
Le producían una extraña sensación,
pues le parecía que eran sólidas.

Lo que aún no sabía
era que las espirales le acompañarían
durante toda su vida,
ni que se convertiría en uno de los más importantes
escultores del siglo XX.

A Martín le encantaban los días sin clases,
porque podía acompañar a su padre al trabajo
en los astilleros del Puerto de la Luz.

«¡Martín, hoy te enseñaré cómo arreglamos un barco!»,
le decía su padre.

Allí, contemplando el trajín de los barcos,
se despertó su fascinación por el hierro.

Martín se preguntaba asombrado cómo era posible
que aquellos barcos forjados de un material tan pesado
pudieran flotar en el agua.

El joven Chirino también observaba con admiración
la forma perfecta de las hélices de los buques.
Sus sentidos vibraban al ver la espuma del mar
alejándose sobre las olas, dibujando espirales.

«Desde pequeño [mi padre]
me llevaba con él al astillero.
Yo era feliz vagando
por aquellas moles enormes
de los barcos».

Astillero
Lugar donde se construyen
y reparan buques. Pueden ser
yates, buques militares o barcos
comerciales para transportar
mercancías o pasajeros.
Los astilleros están cerca
del mar o de ríos navegables,
para permitir el acceso
de las embarcaciones.

Pasaban los años y Martín soñaba con otros mundos.
Se hacía preguntas y buscaba respuestas,
observando el horizonte de su isla.

Por aquel entonces comenzó a visitar el Museo Canario
y los yacimientos de los aborígenes,
los antiguos pobladores canarios.
Estos lugares repletos de formas simbólicas,
pintadas o inscritas en sus paredes,
despertaban una gran atracción y curiosidad en Martín.
El joven, fascinado, intentaba descifrar los enigmas
de su creación.

«¡Yo los rescataré para llevarlos a un nuevo orden:
el arte abstracto!», pensaba Martín.

Allí fue consciente de su condición de isleño
y de la especial situación geográfica del archipiélago,
las Islas Canarias, un lugar de paso,
un mundo entre los continentes de Europa,
África y América.

A los 15 años, Martín comenzó a recibir clases de escultura.
Era un alumno inquieto y curioso
y empezó a sentir el impulso vital de alejarse de su isla.

Viajó a Madrid y, en la Escuela de Bellas Artes
de San Fernando, recibió clases de historia del arte.
Además, visitó las principales capitales
de la cultura europea: París, Roma, Florencia y Londres.
Se dejó sorprender por los grandes movimientos artísticos,
sin olvidar el recuerdo de los astilleros de su infancia.

Como tenía mucha facilidad para la escultura,
Martín decidió aprender el oficio de escultor.
Comenzó una nueva época,
en la que asimiló todo lo que había aprendido
observando las distintas vanguardias
en sus viajes por Europa.

El arte abstracto
Corriente artística en la que
las obras no reproducen
un modelo real, sino que
se componen de líneas, formas
y color sin relación directa
con ningún objeto.
Cuando Martín era joven,
en España el arte abstracto ya se
estaba estableciendo como nueva
forma de expresión artística.

Reinas Negras
Esculturas con influencia
del arte africano.
Chirino había conocido
la cultura africana
a través de los numerosos
viajes que había hecho,
contratado por la empresa
en la que trabajaba su padre.

Como la mayoría de los artistas de su generación,
el joven Martín se encontró en el difícil dilema
que planteaba el arte del momento.
¿Arte figurativo o abstracto? ¿Tradición o innovación?
Las nuevas propuestas artísticas le impulsaban a cambiar
el concepto y la forma de hacer arte.

De vuelta a Las Palmas,
instaló su primer taller de escultura.
Como le interesaba mucho trabajar con hierro,
volvió a visitar los astilleros del puerto,
donde se construían los barcos.
En aquellos enormes talleres se desechaban muchos restos
y él aprovechaba este material para su trabajo artístico.

«¡Ya sé para qué servirá este trozo de hierro
y para qué utilizaré aquella chapa!», pensaba Martín
al pasar junto a un buque que estaban reparando.

Al cabo del tiempo y después de mucho esfuerzo,
decidió organizar su primera exposición
junto a otros compañeros artistas.

Fue precisamente en el Museo Canario
donde expuso sus primeras obras: *Reinas Negras*.

En cierto modo, Martín seguía creyendo
en esa leyenda canaria que cuenta que el horizonte
se puede alargar o achicar como uno quiera.
Tras su primera exposición,
decidió romperlo por segunda vez.
Para seguir aprendiendo el oficio de la forja,
decidió trasladarse a Cuenca.

Por mucho que quisiera conocer otros lugares y culturas,
él nunca abandonaría su preocupación por Canarias,
ni la investigación de sus orígenes.
Pero tampoco su interés por las innovaciones
en el arte contemporáneo.
A las primeras obras abstractas en hierro que realizó
las llamó *Composiciones y homenajes*.

«¡Estas esculturas sirven para enlazar al hombre
con la tierra!», declaró el artista.

«Nacer y vivir en una isla significa que tu horizonte está cercado. Tu horizonte depende exclusivamente del entorno en el que vives».

El viaje mítico de la cultura canaria
Junto a sus amigos Manolo Millares, Manuel Padorno y Elvireta Escobio, en 1955 viajó a Madrid por segunda vez, a bordo del buque *Alcántara*. Coincidieron en él varios creadores de las islas y hasta hay una foto de todos juntos en cubierta.

Primera exposición individual
En Cuenca realizó unas esculturas que bautizó con el nombre de *Herramientas poéticas e inútiles*. El público conoció estas obras en el Ateneo de Madrid en 1958, en su primera exposición individual.

El Paso
Grupo cultural y artístico
fundado en 1957 en el que
participaron Martín Chirino,
Manolo Millares y otros artistas
como Rafael Canogar, Antonio
Saura o Luis Feito.
Sus cuadros y esculturas
enseguida pasaron a formar
parte de algunas de las mejores
colecciones públicas y privadas
del mundo.

Dictadura
En 1939, tras la Guerra Civil
española, comenzó la dictadura
del general Francisco Franco.
Todos los poderes del Estado
se concentraron en el dictador.
Se suprimieron los partidos
políticos y no había libertad
de expresión. La dictadura
terminó en 1975, con la muerte
de Franco.

Aquellos tiempos de dictadura en España
eran oscuros, algo tristes y aburridos,
por la falta de libertad y por la incertidumbre.

En 1958 Martín entró en contacto con otros artistas
que, como él, querían expresar la realidad
y los conflictos de la época a través del arte abstracto.

Hacía poco habían formado un grupo
al que habían llamado El Paso,
y entre ellos estaba su amigo Manolo Millares.

Junto a los demás miembros del grupo El Paso,
Martín pronto alcanzó el reconocimiento
y el prestigio internacional.

Martín seguía trabajando apasionadamente en su taller.
El hierro caliente parecía fluir de sus manos.
En la fragua, este material candente
giraba y volvía a girar sobre sí mismo
para modelar unas esculturas en forma de espiral
que relacionaba con los movimientos del viento.

El día que la espiral apareció en su taller,
pasó a estar presente en muchas de sus esculturas.
Era un recuerdo constante del clima y la naturaleza
de su tierra natal, un elemento que daba coherencia
a toda su obra, marcada por las raíces de sus orígenes.

«¿Por qué la espiral? ¿Por qué salen de mi fragua
estos vientos?», se preguntaba Martín
cuando aún no había logrado explicárselo del todo.

«Espiral que desde la oscuridad de tiempos imprecisos asume también una presencia formal y continua en el desarrollo de mi escultura, obra escultórica que se instala en la modernidad».

Galería en Nueva York
Grace Borgenicht, la gran galerista
de Nueva York, se interesó por sus
esculturas. Ella lo representó como
artista y promocionó su obra con
exposiciones en su galería.

Gracias al éxito de sus obras,
Martín pudo construir su primera casa con estudio
cerca de Madrid.
Pronto su hogar acogió a muchos amigos,
gran parte de ellos canarios y artistas.
Allí también formó una familia
con su mujer, Margarita Argenta, y su hija, Marta.

Un día el conservador del Museo de Arte Moderno
de Nueva York, Frank O'Hara,
llamó a la puerta del taller del escultor.
Este experto en arte
había venido a España en busca de artistas
para exponer sus obras en Nueva York.

«Señor Chirino –le dijo O'Hara a Martín–,
me gustan mucho sus esculturas
y querría exponerlas en mi ciudad».

Martín, ilusionado, rompió de nuevo el horizonte,
esta vez cruzando el Atlántico hacia Norteamérica.

Martín empezó a viajar con frecuencia a Nueva York.
Instaló su estudio americano en un lugar llamado Southwood,
repartiendo su tiempo entre este taller
y su casa familiar de Madrid.

Por esta época comenzó a interesarse
por la representación de la mujer
que hacían los ceramistas aborígenes de Canarias.
También visitó a menudo el Museo Británico de Londres,
donde le encantaba contemplar unas figuras femeninas
que habían decorado el Partenón de Atenas.

«¡Están reclinadas con tanta hermosura,
con tanta tranquilidad!», se decía Martín al verlas.

La inspiración a veces es difícil de explicar,
pero así fue como se inspiró Martín
para crear sus series *Ladies* y *Mediterráneas*.
Son esculturas que atrapan la luz y la claridad
del Mediterráneo y recuerdan a obras clásicas.
Martín solía pintarlas con colores cálidos.

El Partenón de Atenas
El Partenón es un templo
construido en la Acrópolis
de Atenas entre los años 447
y 432 antes de Cristo.
Aunque sus ruinas siguen en pie
y las visitan muchos turistas,
la mayor parte de las esculturas
que lo decoraban fueron
trasladadas a Inglaterra en el
siglo XIX, de ahí que se exhiban
en el Museo Británico.

A Martín siempre le había interesado la relación
de Canarias, su tierra natal,
con el vecino continente africano.
Quien ha visto alguna vez las grandes máscaras
que fabrican ciertas tribus africanas
sin duda habrá quedado impresionado
por su viveza y fuerza expresiva.

Eso fue justamente lo que le ocurrió a Martín:
se le quedaron grabados en la memoria
esos alargados rostros de madera
que usan los miembros de las tribus
para «convertirse» en el espíritu
que la máscara representa.

Martín sentía que quería expresar algo
sobre sus propias raíces, casi africanas,
y un día encontró la manera de hacerlo.

«¡Ya lo tengo! —exclamó—,
con un óvalo como el de las máscaras africanas
rodearé la espiral de mi cultura».

Poco a poco, las formas de estas máscaras
empezaron a surgir en sus esculturas.
Por eso decidió llamarlas *Afrocanes*,
porque formaban un vínculo,
como una especie de puente artístico,
entre África y Canarias.

La siguiente etapa creativa de Martín como escultor
tuvo mucho que ver con lo que estaba pasando en España.
Después de 40 años de dictadura,
empezaba un periodo de transición hacia la democracia,
y también un nuevo espíritu de ilusión y de libertad.
Se notaba en las costumbres sociales de la gente y en el arte.

Martín siempre recordaba una frase
de uno de sus grandes maestros, Julio González,
que decía que hacer esculturas
era como «dibujar en el espacio».
Hay que imaginarse a un escultor moldeando sus figuras.
¿A que es fácil entender lo que quería decir?

A Martín esta idea le inspiró
para crear esculturas muy ligeras de peso,
como si en realidad dibujara en el aire,
y las llamó *Aeróvoros* porque parecían levitar.

«¡Espiral de hierro, tienes que aprender a volar
como ese horizonte distorsionado que siempre he
perseguido!», le decía Chirino al metal.

En la ligereza de aquellas obras,
el escultor veía un reflejo de esas nuevas libertades
que se vivían en las calles.
España, al fin y al cabo, se había quitado
un gran peso de encima con el final de la dictadura.

La democracia en España
En 1975 murió Francisco Franco,
el dictador que gobernaba
España desde hacía casi 40 años,
y comenzaron las acciones
para que el país se dotara
de un nuevo sistema político.
A los dos años se legalizaron
los partidos políticos
y se celebraron las primeras
elecciones democráticas
en cuatro décadas.
Un año más tarde, en 1978,
se votó la Constitución.

Julio González
Nacido en Barcelona en 1876,
fue uno de los artistas
modernos más importantes
de la primera mitad del siglo xx.
Pasó gran parte de su vida
en París. Allí, Martín conoció
su obra, en la que utilizaba
el hierro forjado como material
de investigación.

Quienes viven en Gran Canaria
o hayan visitado alguna vez la isla
sin duda conocerán a *Lady Harimaguada*.

La gran escultura de Martín se ha convertido
en un símbolo de la ciudad de Las Palmas,
ya que se encarga de dar la bienvenida
a los que llegan en coche desde el Sur.

Harimaguadas era el nombre que los aborígenes de la isla
daban a un grupo de sacerdotisas
con mucha autoridad social y religiosa,
que vestían largas túnicas de piel blanca
y se bañaban en el mar.
¡Eran tan respetadas que los hombres
tenían prohibido contemplarlas!

La *Lady Harimaguada* de Martín Chirino
también se baña en el mar, o casi,
ya que está situada en el paseo marítimo.

Su imagen es desde hace unos años
la figura que se entrega como premio
en el Festival de Cine de Las Palmas.

Cuando miramos un mapa del mundo,
lo que salta a la vista de las Islas Canarias
es que se encuentran a medio camino
entre Europa, África y América, ¿verdad?

Ya hemos dicho que a Martín esta idea le obsesionaba,
porque su vida y su obra siempre se habían repartido
entre tres continentes.

Por eso quiso compartir ese nuevo concepto
que había inventado, el de la tricontinentalidad de Canarias.
Además, pensó que en las islas debería haber
un museo de arte moderno que reuniera obras
de los tres continentes, con un espíritu
o una sensibilidad compartida.

«Es importante que, desde las islas,
apoyemos las artes visuales de los tres continentes
—les dijo Martín a otros artistas interesados en el proyecto—.
¡Tenemos que aprovechar nuestra ubicación
para ser un punto clave del diálogo entre culturas!».

A los pocos años ese museo,
el Centro Atlántico de Arte Moderno (CAAM),
vio la luz en el barrio de Vegueta, en Las Palmas.

«Dentro del mundo de la creación todo es posible, todo es insólito y todo cabe».

El CAAM
Es el museo de arte contemporáneo más importante de Canarias. Su interior fue diseñado por Sáenz de Oiza. Hoy en día tiene una colección permanente de más de 2.600 piezas, procedentes de América, África y Europa.

○

«¡Sin pasión no hay vida!».

♀

Fundación Martín Chirino
Representa el cariño
y admiración que los canarios
sienten por Martín.
Desde 2015, el Castillo de la Luz,
en Las Palmas, alberga
este centro expositivo.
Según sus propias palabras,
es un «organismo vivo
de difusión artística y cultural»,
pero también un inmejorable
lugar donde conocer y estudiar
su obra. Por eso merece
mucho la pena visitarlo.

Aquí termina la historia de aquel niño
que jugaba en la playa de Las Canteras
y observaba los inmensos cascos de hierro de los barcos
en los astilleros del Puerto de la Luz.

Aquel niño que soñaba despierto
se convirtió en un artista destacado
que casi consiguió mover el horizonte.

Sus majestuosas esculturas están presentes
en ciudades de todo el mundo.
Mucha gente las reconoce a simple vista
y las considera unas de las obras más representativas
del arte en las islas.

Después de recorrer el planeta
y dejarse transformar una y mil veces por él,
el artista volvió a su tierra
con la Fundación Martín Chirino,
a ese mismo origen al que siempre acaba llegando
la espiral del viento.

El protagonista

1925

Martín Chirino nace en Las Palmas de Gran Canaria. Es el penúltimo de 12 hermanos. Su padre era director de talleres en los astilleros de la empresa Blandy en el Puerto de la Luz, algo que marcará su visión como artista y su estrecha relación con el hierro como material compositivo.

1948

Después de trabajar unos años en la misma empresa que su padre (lo cual le permitió conocer Marruecos, el Sáhara y Senegal), se traslada a Madrid para estudiar Filosofía y Letras. Sin embargo, enseguida cambia esos estudios por los de arte en la Escuela de San Fernando.

1958

Se incorpora a uno de los grupos de artistas de mayor prestigio del siglo XX español, El Paso. También lo integran su amigo Manolo Millares y otros artistas como Antonio Saura o Rafael Canogar.

Otros canarios ilustres

1758-1824

Agustín de Betancourt
Un ingeniero universal

1834-1912 / 1842-1918

Los León y Castillo
Dos hermanos soñadores

1972

Comienza a alternar su residencia entre Estados Unidos y España. A esta década pertenecen sus series más importantes: *Mediterráneas*, *Ladies*, *Aeróvoros*, *Paisajes* y *Afrocanes*.

2015

Se inaugura la Fundación de Arte y Pensamiento Martín Chirino en el Castillo de la Luz de Las Palmas, con más de 20 obras del escultor.

2019

El 11 de marzo fallece en Madrid. Es reconocido como uno de los más grandes escultores españoles del siglo XX. Su trayectoria profesional ha sido reconocida con el Premio Nacional de Artes Plásticas y la Medalla de Oro de Bellas Artes.

1843-1920

Benito Pérez Galdós
El narrador de un mundo

1878-1945

Blas Cabrera
El gran físico amigo de Einstein